Sieben Thesen
zur Zukunft Europas

Vortragsreihe
„Freiheit, Verantwortung und
Vernunft"

Heft 2

Lothar Thürmer

Sieben Thesen
zur Zukunft Europas

Bibliografische Information der Deutschen
Nationalbibliothek:
Die Deutsche Nationalbibliothek verzeichnet diese
Publikation in der Deutschen Nationalbibliografie;
detaillierte bibliografische Daten sind im Internet über
dnb.dnb.de abrufbar.

© 2022 Lothar Thürmer
Herstellung und Verlag:
BoD – Books on Demand, Norderstedt

ISBN: 9 783756 214617

Vorwort

Russlands Krieg gegen die Ukraine ist ein weiterer großer Schritt auf dem Weg in eine neue konfrontative Ordnung der Welt. Frieden und Freiheit, Sicherheit und Wohlstand in Europa sind in Gefahr.

Wollen wir dieser Bedrohung entgegentreten, unsere Werte verteidigen und unsere Interessen durchsetzen, dann müssen wir folgende Fragen mit einem klaren „Ja" beantworten:

- Treten wir auf der Bühne der Welt selbstbewusst genug auf?

- Ist unser Selbstbewusstsein wirtschaftlich und militärisch ausreichend fundiert?
- Haben wir effiziente Institutionen und die richtigen Freunde?

Auf diese Fragen will das vorliegende Heft Antworten finden.

Friedberg, im Mai 2022

Sieben Thesen zur Zukunft Europas

Wir leben in einer unruhigen und beunruhigenden Zeit

Europa ist auf die neue Zeit schlecht vorbereitet

Europa muss handlungsfähiger werden

Europa braucht verlässliche geopolitische Partner

Europa muss seine sicherheitspolitischen Anstrengungen deutlich verstärken

Europa muss wirtschaftlich resilienter, souveräner und innovativer werden

Europa muss sich seiner Identität versichern

Erste These:
Wir leben in einer unruhigen und beunruhigenden Zeit

Die Welt ist im Umbruch. Das war sie immer. Doch diesmal ist der Wandel so tiefgreifend, flächendeckend und disruptiv wie selten zuvor – und das in einer atemberaubenden Geschwindigkeit. Politik und Gesellschaft zeigen sich zunehmend überfordert. Frieden und Freiheit, Sicherheit und Wohlstand in Europa sind in Gefahr.

Ein Krieg heute inmitten Europas war für viele von uns lange Zeit unvorstellbar.

Fehlende Vorstellungskraft hat aber auch in anderen Bereichen zu Schockerlebnissen geführt – etwa bei der Covid-Pandemie, der drohenden Klima-Katastrophe oder bei der viel zu lange verharmlosten Inflation, die soziale Sprengkraft hat und zu politischen Verwerfungen führen kann. Man sehe nur nach Frankreich.

Der 24. Februar 2022 markiert eine historische Zäsur. An diesem Tag überfiel Russland die Ukraine. Mit seinem massiven Einmarsch zerstörte Putin endgültig die zu diesem Zeitpunkt bereits fragile europäische Sicherheitsordnung.

Lange zuvor schon hatte er diese
in Frage gestellt: etwa 2007 auf
der Münchner Sicherheits-
konferenz, 2008 mit dem
Einmarsch in Georgien und 2014
mit der Annexion der Krim.

Sein Angriff auf die Ukraine
bedeutet eine tektonische
Verschiebung europäischer
Geopolitik und das Ende aller
deutschen Illusionen.
Versäumnisse europäischer Politik
liegen jetzt schonungslos offen:
Wir sind nicht ausreichend
wehrhaft, unsere
Energieversorgung ist viel zu
abhängig von Russland. Als Folge
des Krieges werden wir ärmer
werden.

Die fetten Jahre sind zunächst einmal vorbei. Wir werden für diesen Krieg und vor allem für seine Auswirkungen einen hohen Preis zahlen müssen. Jetzt zeigt sich: Wir haben drei Jahrzehnte lang über unsere Verhältnisse gelebt. Und das vor allem auf Kosten unserer Sicherheit. Wir haben diese Kosten einfach ausgelagert: auf die USA.

Wir in Deutschland und in der Europäischen Union haben es uns zu leicht gemacht und eine nur imaginäre Friedensdividende konsumiert. Putin hat uns jäh aus unseren ebenso naiven wie egoistischen Träumen gerissen.

Der Epochenbruch in Europa
beschleunigt zugleich den
Umbruch der Weltordnung – weg
von einer unipolaren Welt nach
dem Ende des Kalten Krieges mit
einer Dominanz der USA hin zu
einer multipolaren Welt, in der
zwei Supermächte prägend sind:
Amerika und China. Weg aber
auch von einer regelbasierten hin
zu einer machtorientierten
Ordnung.

Demokratien befinden sich schon
seit Langem auf dem Rückzug,
autoritäre Staaten aber auf dem
Vormarsch. Besonders kritisch: die
Entwicklung Chinas.

„China ist nicht demokratischer geworden, während es reicher geworden ist. Im Gegenteil, das Land ist unfreier geworden`. … Menschenrechtler klagen über zunehmende Überwachung sowie Repressionen gegen Regierungskritiker, Andersdenkende und Minderheiten wie die muslimischen Uiguren" (FAZ.NET vom 10. 2. 2022).

Wandel und Demokratisierung durch Handel: Dieser Ansatz ist zunächst einmal gescheitert.

Das gilt für Russland, aber auch und sogar noch mehr für China:

- Russland ist eine nur militärisch starke, aber wirtschaftlich schwache Autokratie geblieben.

- China ist ebenfalls eine Autokratie geblieben, die aber – anders als Russland – in den letzten Jahrzehnten einen kaum für möglich gehaltenen wirtschaftlichen und technologischen Aufschwung und einen fast schon beängstigenden militärischen Aufstieg erlebt hat. Diese Entwicklung ist erst durch die Einbindung Chinas in den Welthandel möglich geworden.

So brutal und grausam Putin und sein Regime sind, noch weitaus bedrohlicher für unsere Zukunft sind Xi Jinping und seine Kommunistische Partei. Sie sind die größte Bedrohung für den Westen!

„Wir müssen uns darüber im Klaren sein, dass China eine Vision hat, die auf Dominanz und Unterordnung hinausläuft," so Alexander Graf Lambsdorff.

Xi Jinping, Nummer 1 der mit fast hundert Millionen Mitgliedern größten kommunistischen Partei der Welt, ist überzeugt, dass der Kommunismus die einzige Wahrheit sei.

Und: Der Kommunismus solle nicht nur in China umgesetzt werden, sondern sich über die ganze Welt verbreiten. Europa kann sich nicht in Sicherheit wiegen: Xi Jinping träumt von einer Welt unter seiner Kontrolle!

China soll bis 2049, wenn die Volksrepublik ihr 100jähriges Bestehen feiern wird, zur weltweit größten Wirtschafts- und Militärmacht werden!

In der Welt von morgen bedroht nicht allein, aber vor allem das Reich der Mitte als neue Supermacht den liberalen Westen.

China arbeitet konsequent und kontinuierlich an seiner künftigen Vormachtstellung. Darauf müssen Europa und seine Verbündeten Antworten finden.

Allerdings: Bislang haben wir noch keine befriedigenden Antworten gefunden.

**Und so lautet meine
zweite These:
Europa ist auf die neue Zeit
schlecht vorbereitet**

Manfred Weber ist zu Recht
besorgt (Augsburger Allgemeine
vom 24. 2. 2022):

„Wir reden jetzt über Russland, in
wenigen Monaten oder Jahren
sprechen wir über China und
Taiwan. Es kommt die große Frage
auf uns zu, welches
Gesellschaftssystem sich in der
Welt durchsetzt. Auf diesen
Wettbewerb sind wir nicht
vorbereitet.“

Auf den Punkt gebracht hat es Sigmar Gabriel: „Wir Europäer werden von vielen anderen Regionen der Welt als reich, aber schwach angesehen." Und das müsste uns aufhorchen lassen.

Vielleicht ist es ja so, dass sich Europa zu lange und zu sehr mit nachrangigen Fragen befasst und darüber die Orientierung auf das Wesentliche verloren hat.

Gabor Steingart (Morning Briefing vom 20. 1. 2022) diagnostiziert messerscharf: „Gute Politik beginnt mit dem Betrachten von Wirklichkeit ... Im Umkehrschluss bedeutet das: Schlechte Politik beginnt mit dem Leugnen der

Wirklichkeit. Und genau in dieser Disziplin haben es die europäischen Staats- und Regierungschefs zur wahren Meisterschaft gebracht.“

Und Steingart wird noch deutlicher: „In Wahrheit ist Europa der Eunuch der Weltpolitik: Eine große Idee, geschmückt mit dem Dekor der beteiligten Kulturnationen, ist schwer gezeichnet von militärischer Impotenz. Europa will, aber kann nicht. Ohne seinen amerikanischen Vormund traut sich dieses europäische Neutrum kaum vor die Tür, ohne die Gefahr, verprügelt zu werden.“

Noch für lange Zeit und auch längst, nachdem wir von Russland energiepolitisch unabhängig geworden sein werden, wird Europas Abhängigkeit vom chinesischen Markt wohl die sprichwörtliche Achillesferse bleiben. Unsere wirtschaftlichen Interessen könnten sogar zu einem noch stärkeren Hebel für eine politische Einflussnahme Pekings werden.

Dass wir auf geopolitische Herausforderungen und Bedrohungen schlecht vorbereitet sind, kommt im Bereich der Verteidigung sogar noch deutlicher zum Ausdruck.

Die EU braucht die USA, um an der Ostflanke Europas ein glaubwürdiges Gegengewicht zu Russland bilden zu können.

Sicherheitspolitisch bleiben die USA für uns unverzichtbar! Ohne die konventionellen und nuklearen Fähigkeiten Amerikas kann sich Europa nicht schützen.

Ernüchternd, was der ehemalige Sicherheitsberater von Angela Merkel, Brigadegeneral a. D. Erich Vad dazu sagt:
„Wir waren sicherheitspolitisch und militärisch noch nie so abhängig von den Vereinigten Staaten wie heute.

Unsere Streitkräfte in Europa, leider als Negativbeispiel allen voran die deutsche Bundeswehr, waren noch nie in einem so miserablen Zustand."

Deutschland hat seinen Verbündeten zugesagt, zwei Prozent seiner Wirtschaftsleistung in die Verteidigung zu investieren. Bis heute sind wir Lichtjahre entfernt von diesem Ziel.

Seit den 1990er Jahren liegt der Anteil der Militärausgaben am Bruttoinlandsprodukt unter zwei Prozent, 2020 waren es gar nur noch magere 1,4 Prozent.

Putins Angriff auf die Ukraine hat hier zwar zu einer Kehrtwende geführt. Immerhin könnten wir das Zwei-Prozent-Ziel demnächst nicht nur erreichen, sondern sogar übererfüllen. Fähigkeitsdefizite werden wir aber nicht über Nacht beseitigen können.

„Die deutschen Streitkräfte wurden über Jahre hinweg vernachlässigt und mit unzureichenden Mitteln ausgestattet. Mangelwirtschaft war an der Tagesordnung, dies war öffentlich bekannt und trotzdem über alle Parteien hinweg und auch durch die breite Öffentlichkeit mitgetragen.

Diesem Umstand hat sich auch die nachgelagerte Rüstungsindustrie angepasst und Kapazitäten abgebaut und Investitionen zurückgeschraubt. Nun ist die komplette Kette nicht mehr in der Lage, schnell ausreichend reagieren zu können. Weder Fähigkeiten der Streitkräfte noch Industriekapazitäten können von heute auf morgen aufgebaut werden. Es gilt schließlich immer noch Friedens- und nicht Kriegswirtschaft in Verbindung mit einem Fachkräftemangel." Zu dieser beunruhigenden Einschätzung kommt Waldemar Geiger (Soldat und Technik vom 10. 4. 2022).

„Zwischen Wunsch und
Wirklichkeit des deutschen
Militärs klafft eine Riesenlücke,“
so Ulrich Friese (FAZ.NET vom 18.
Oktober 2021).

„Der Ausrüstungsstand der
Streitkräfte gilt seit Jahren als
desolat. Angesichts der Tatsache,
dass das Gros an Waffen und
Ausrüstung technisch veraltet
oder – mangels Wartung – kaum
einsatzfähig ist, ist der
Ersatzbedarf so groß wie kaum in
einer anderen Nato-Armee“.

Wenn die EU die Zeichen der Zeit
wirklich erkennt, muss sie
unverzüglich weitreichende und
tiefgreifende Reformen anpacken.

- Der alte Kontinent muss
  endlich mehr sicherheitspolitische Verantwortung
  übernehmen. Dazu gehören
  deutlich steigende Vertei-
  digungsanstrengungen der
  Mitgliedstaaten der EU und
  ganz besonders von
  Deutschland, eine
  effektivere Zusammenarbeit
  zwischen den Ländern und
  ein neues Zusammenspiel
  von robusten konven-
  tionellen Kräften und
  nuklearer Abschreckung -
  im Rahmen der Nato. Und
  die muss ihre Ostflanke
  stärken und vor allem China
  eindämmen.

- Wir sind von Autokratien wirtschaftlich viel zu abhängig. EU-Europa muss danach streben, diese Abhängigkeiten zu verringern und resilienter zu werden – nicht nur bei Energie und Rohstoffen. Wir müssen langfristig denken und aufpassen, dass wir nicht das russische Klumpenrisiko der „Old Economy" durch ein chinesisches Klumpenrisiko der „New Economy" ersetzen. Dann würden wir vom Regen in die Traufe kommen. Das Risiko ist groß.

- Europa braucht verbündete Demokratien und gleichgesinnte Partner im Kampf gegen Autokratien. Die Welt ist keine Weltgemeinschaft, die mit Ernst, Empathie und Engagement auf der Grundlage gemeinsamer Werte gleiche Ziele verfolgen würde. Staaten versuchen vielmehr, mit unterschiedlichen Mitteln eigene Interessen durchzusetzen. Manche sehen den Krieg als Fortsetzung der Politik mit anderen Mitteln. Demokratische Staaten mit ähnlichen Werten und

Interessen können sich in einem solchen Umfeld erfolgreicher durchsetzen, wenn sie Allianzen eingehen.

- Europa muss Zielkonflikte offen adressieren und bereit sein, sich von Wohlstandsillusionen zu verabschieden. Freiheit ist nicht zum Nulltarif zu haben. Einen Teil unseres wirtschaftlichen Wohlstandes heute haben wir erkauft mit einem Anstieg des Risikos künftiger Unfreiheit. Wir müssen ehrlicher werden und: mutiger!

- Die Europäische Union muss ein relevanter und selbstbewusster Akteur auf der Bühne der Weltpolitik werden – durch Einigkeit und Stärke, Geschlossenheit und Entschlossenheit.

Europa muss handlungsfähiger werden – so meine dritte These

Heute ist die EU nur sehr eingeschränkt handlungsfähig. Diese Diagnose deprimiert.

„Gerade gegenüber autokratischen Akteuren wie Russland und China ist wichtig: Wenn Europa einen gemeinsamen Kurs fährt und geschlossen auftritt, ist es ein Schwergewicht - agiert es dagegen gespalten, kämpft es unter seiner Gewichtsklasse", so Annalena Baerbock.

Bisher ist das wohl größte
Hindernis für eine
handlungsfähige europäische
Außen- und Sicherheitspolitik das
Prinzip der einstimmigen
Entscheidung bei Ratsbeschlüssen.

Warum? Weil beim Erfordernis
der Einstimmigkeit jeder
Mitgliedstaat mit einem Veto eine
gemeinsame Beschlussfassung
verhindern kann! Das führt in der
Praxis häufig zu einer lähmenden
Blockade.

Aber wie könnte man sie
auflösen? Dafür gibt es zwei
Optionen.

Die erste: „Teile oder besser die komplette gemeinsame europäische Außen- und Sicherheitspolitik werden mit einem einstimmigen Beschluss vergemeinschaftet. Entscheidungen würden dann mit qualifizierten Mehrheiten vom Rat der EU unter Einbeziehung des Europäischen Parlamentes getroffen," so Annegret Bendiek.

Dieser Weg wäre der Königsweg. Aber derzeit scheint es mehr als fraglich, ob er beschritten werden wird. Einigen Staaten fällt es deutlich schwerer als anderen, bislang nationale Kompetenzen abzutreten.

Deshalb sollte man noch eine andere Möglichkeit ins Auge fassen, um den Stillstand zu überwinden. Worin besteht sie? Integrationswillige Staaten könnten vorangehen!

„Sie könnten sagen, wir machen eine gemeinsame Politik auf der Basis der Verträge, weil wir keine Chance sehen, dafür eine Mehrheit unter den 27 EU-Mitgliedern hinzubekommen" (Annegret Bendiek).

Im Ergebnis hätten wir ein Europa der „unterschiedlichen Geschwindigkeiten". Das wäre der „pragmatische Weg".

„Koalitionen der Entschlossenen"
könnten vorangehen. So würden
integrationswillige Staaten in
einzelnen Themenfeldern
handlungsfähig. Möglich, dass
dann eine Sogwirkung einsetzen
könnte.

Egal welchen Weg - einen von
beiden sollte die EU beschreiten.

Ohne einen institutionellen
Aufbruch kann es keinen Aufbruch
Europas geben!

Vierte These:
Europa braucht verlässliche geopolitische Partner

China und Amerika sind die beiden Supermächte des 21. Jahrhunderts. Sie drohen auf eine neue Eiszeit, auf einen neuen Kalten Krieg zuzusteuern.

Europa kann sich da nicht raushalten. Wir können auf Dauer nicht neutral bleiben, auch wenn das manche von uns nur zu gerne wollten.

Unsere bisherige Doppelstrategie ist ein Auslaufmodell geworden:

- einerseits wirtschaftlich mit China eng zu kooperieren, damit das Reich der Mitte zu stärken und so Amerikas Position im Kampf der Supermächte zu schwächen,
- andererseits aber genau von den USA zu erwarten, dass sie sicherheitspolitisch für uns schon die Kohlen aus dem Feuer holen werden.

Ein solche „Doppelmoral" wäre heute hochgradig egoistisch und naiv und vor allem: gefährlich!

Wir sollten wissen, an wessen Seite wir stehen – und uns dazu auch klar und eindeutig bekennen.

Wenn wir das nicht tun, könnten
wir Gefahr laufen, dass China uns
nicht ernst genug nimmt und
Amerika uns fallen lässt. Es führt
kein Weg daran vorbei: Europa
muss sich entscheiden!

Und es sollte sich natürlich für die
USA entscheiden! Aber können
wir uns künftig auf Amerika auch
verlassen? Vieles spricht dafür,
aber es gibt auch veritable Risiken.
Ist nach Trump am Ende: vor
Trump? Manche sehen das so.

Robert Kagan etwa befürchtet:
„Die Republikanische Partei von
heute ist ein Zombie."

„Ihre einzige Rolle ist die des willigen Helfers bei der Manipulation des Wahlsystems, um Trumps Rückkehr an die Macht zu sichern.“

„Die Vereinigten Staaten bewegen sich auf ihre größte politische und verfassungsmäßige Krise seit dem Bürgerkrieg zu.“ Sollte Trump tatsächlich die Rückkehr ins Weiße Haus gelingen, „dann bedeutet das zumindest zeitweise die Abschaffung der amerikanischen Demokratie, wie wir sie kennen.“

Nun, soweit muss es nicht kommen. Auch gibt es keinen Grund, Worst-Case-Szenarien für die wahrscheinlichsten zu halten.

Aber wir sollten uns auf die Möglichkeit einstellen, dass der transatlantische Wind wieder rauer werden könnte. Und auch deshalb sollten wir künftig stärkere Beiträge für das Bündnis leisten als in der Vergangenheit.

Bislang ist Europa für Amerika eher eine Last als ein gleichwertiger Partner. Die EU muss sich befähigen, in der transatlantischen Partnerschaft mehr Mitverantwortung übernehmen zu können.

Vor allem braucht Amerika unsere volle Unterstützung, um dem Systemrivalen China und dessen übergriffigem Machtstreben entschlossen entgegentreten zu können.

Jedenfalls wird die neue Welt den alten Kontinent immer drängender fragen:

- Seht Ihr in China vor allem einen dynamischen Wirtschaftsraum und Partner bei der Lösung globaler Probleme?

- Oder einen systemischen Wettbewerber und Gegner?

- Oder aber beides gleichzeitig? Und geht das überhaupt?

Eines sollte uns immer bewusst sein: Mit unserer „Beinfreiheit" wird es spätestens dann ziemlich vorbei sein, wenn die Schutzmacht Amerika uns unmissverständlich auffordert, ihrem strategischen Kurs in der Geopolitik zu folgen. Deutschland und Europa zwischen den Fronten: Das könnte nicht gut gehen!

Wirtschaftliche Interessen sind mit sicherheitspolitischen Anliegen und europäischen Werten abzuwägen. Es gibt keinen Primat der Ökonomie!

Mit den Worten von Manfred Weber (Augsburger Allgemeine vom 19. Juni 2021):

„Manche sehen nur die Wirtschaft, sehen nur die Umsätze, die deutsche Unternehmen in China machen. … Aber hier geht es um die sehr grundsätzliche Frage, in welcher Welt wir in zehn Jahren leben wollen. … Ich will nicht nach chinesischen Spielregeln leben. Wir brauchen den Schulterschluss mit den Amerikanern, wir brauchen ein starkes Europa, um das westliche Lebens- und Wertemodell zu sichern.“

Und weiter: „Wir werden Prioritäten setzen müssen. Und für mich hat oberste Priorität, dass wir unsere europäischen Werte, unser Lebensmodell verteidigen.“

„Es darf nicht um die Frage gehen,
ob sich das rechnet, sondern es
muss darum gehen, wofür wir
stehen. Die Europäische Union
und die USA haben gemeinsam die
Kraft, auch ohne China oder
Russland Wohlstand zu erzielen."

Manfred Weber zeigt hier klare
Kante. Der bloße Verzicht auf
„Äquidistanz" zu China und den
Vereinigten Staaten ist zu wenig,
wir brauchen den engen
„Schulterschluss" mit Amerika!

Unser „natürlicher" Verbündeter
waren, sind und bleiben die USA.
Sie vor allem müssen das Reich
der Mitte machtpolitisch
ausbalancieren.

Wie der Kampf der Supermächte
und ihrer Verbündeten strategisch
verlaufen wird, kann heute
niemand vorhersehen.

Gerade deshalb aber sollte der
Westen auf eine eskalierende
Konfrontation und auf einen
neuen Kalten Krieg vorbereitet
sein. Si vis pacem, para bellum!

In der neuen Weltordnung stehen
China und seine alliierten
Autokratien auf der einen Seite
und Demokratien auf der anderen.

In dieser Aufteilung der Welt wird
sich das „demokratische Lager"
nur gemeinsam behaupten
können.

Europa, Nordamerika und Staaten
wie Indien, Japan, Südkorea,
Neuseeland und Australien
müssen politisch und
wirtschaftlich, technologisch und
militärisch eng
zusammenarbeiten.

Nur dann haben Menschenrechte
auf diesem Planeten eine Zukunft.
Und nur dann passiert nicht auf
der ganzen Welt, was wir heute
etwa in Hongkong und Xinjiang
sehen müssen.

Die Nato und der als „pazifische
Nato" bezeichnete „quadrilaterale
Sicherheitsdialog" (Australien,
Indien, Japan und die USA) sind in
diesem Kampf der Demokratien

zentrale Formate, die vielleicht noch besser verzahnt und um weitere Verbündete ergänzt werden könnten!

Der Westen sollte einen von Prinzipien geleiteten Kurs verfolgen, der aber auch pragmatische Entscheidungen zulässt.

Ganz besonders ist Pragmatismus in unserem Verhältnis zu Russland gefragt. Und das war schon lange vor dem Krieg Russlands gegen die Ukraine als mehr als schwierig zu bezeichnen. Die Invasion Russlands in die Ukraine hat dieses Verhältnis weiter dramatisch verschlechtert.

So weit, dass man sich eine
künftige Zusammenarbeit des
Westens mit Moskau derzeit kaum
vorstellen kann.

Und doch werden wir uns nach
dem Krieg die Frage nach dem
künftigen Umgang mit Russland
stellen und sehr nüchtern
beantworten müssen.

Ist es langfristig (!) vorstellbar,
dass Europa und seine
Verbündeten Russland wieder
eine illusionsfreie Sicherheits-
partnerschaft und wirtschaftliche
Zusammenarbeit anbieten?

Generalleutnant a. D. Jürgen
Knappe etwa mahnt (Augsburger
Allgemeine, 20. 4. 2022):
„Langfristig wird im Interesse
Europas auch eine Stabilisierung
des Verhältnisses zu Russland
nötig sein."

Konkret könnte das bedeuten,
dass wir zwar unsere Abhängigkeit
von Russland beenden und die
Ostflanke der Nato wesentlich
verstärken müssen, aber
gleichzeitig weiterhin Handel mit
dem Land treiben werden.

Folgende Szenarien würden wohl
kaum im Interesse des Westens
liegen:

- Implosion Russlands,
- Russland als „großes Nordkorea",
- Russland als Vasall Chinas, unserem Hauptrivalen im Wettbewerb um die Gestaltung der Weltordnung von morgen.

Russland – ein „großes Nordkorea": abwegig, diese Vorstellung? Kaum, eher ein durchaus mögliches Szenario!

Besonders dann, wenn man berücksichtigt, dass der Westen sich wohl schwer tun wird, mit einem autokratischen Russland nach dem Krieg wieder „normale" wirtschaftliche Beziehungen zu pflegen. Und wenn man die wirtschaftliche Situation Russlands realistisch einschätzt: „Die Sanktionen des Westens, der Abzug vieler Unternehmen vom russischen Markt, haben das Land ökonomisch 20 bis 30 Jahre zurückgeworfen", so Jens Südekum (Augsburger Allgemeinen vom 12. 4. 2022).

Oder wäre es vernünftig, Russland noch weiter in die Arme Chinas zu treiben? Schon jetzt scheint es, als ob Moskau und Peking viel zu eng miteinander verbündet wären. Könnte Russland am Ende gar eine „Wirtschaftskolonie" Chinas werden?

Heute fehlt natürlich jede Fantasie, um sich so etwas wie eine „Normalisierung" der Beziehungen zu Russland auch nur annährend vorstellen zu können.

Eric Gujer (Neue Zürcher Zeitung, 1. 4. 2022) warnt zu Recht vor übertriebenen Hoffnungen und mahnt den Westen zu einer illusionslosen Containment-Politik:

„Die Beziehungen werden sich nicht automatisch zum Besseren wenden, sollte Putin eines Tages von der Bildfläche verschwinden. Ein Nachfolger dürfte denselben ideologischen Hintergrund aufweisen, selbst wenn er nicht dem Sicherheitsapparat angehört.

...

Die herrschende Klasse wird auch
unter veränderten Vorzeichen
nicht von ihrer Ideologie lassen.
Der Zerfall der Sowjetunion hat sie
nicht dazu bewogen. Warum sollte
ein einzelner verlorener oder auch
nur nicht gewonnener Krieg eine
Katharsis auslösen? Der Westen
begeht hoffentlich denselben
Fehler nicht zweimal.

Anders als nach dem Fall der
Berliner Mauer darf er sich nicht
dem Trugschluss hingeben, der
russische Imperialismus sei schnell
besiegt. Notwendig ist ein
´Containment` nach dem Vorbild
des Kalten Krieges:

Russland muss militärisch, politisch und wirtschaftlich in Schach gehalten werden. Das erfordert eine langfristige Anstrengung, die sich auch durch russische Schalmeienklänge nicht beirren lässt. Die Zeit des Selbstbetrugs im Umgang mit Moskau sollte endlich vorbei sein."

Seit Russlands Überfall auf die Ukraine ist uns besonders schmerzlich bewusst geworden: Frieden und Freiheit sind keine Selbstverständlichkeit. Sie haben einen Preis.

**Also lautet meine fünfte These:
Europa muss seine sicherheitspolitischen Anstrengungen
deutlich verstärken**

Diplomatie und Ausgleich
brauchen eine solide Grundlage:
Abschreckung, Wehrfähigkeit,
Verteidigungsbereitschaft.

Deutschland hat erste
Konsequenzen gezogen.
Kanzler Scholz hat drei Tage nach
Putins Angriffsbefehl Weichen für
eine grundlegende
Neuausrichtung der deutschen
Außen- und Sicherheitspolitik
gestellt.

Seine als „historisch" zu bezeichnende Regierungserklärung am 27. Februar 2022 vor dem Deutschen Bundestag markiert den Anfang einer „sicherheitspolitischen Zeitenwende" - vorausgesetzt, den Worten folgen jetzt Taten!

Oberstes Leitprinzip für Europa muss auch in Zukunft sein, sich der „erweiterten Abschreckung" zu vergewissern - also der Bereitschaft der USA, im Fall eines nuklearen Angriffes auf Europa auch die amerikanischen strategischen Nuklearwaffen einzusetzen.

Deshalb müssen wir alles dafür
tun, damit die USA ein Interesse
an der Verteidigung Europas
behalten - auch und gerade dann,
wenn Washington seinen
strategischen Fokus auf Asien
richtet.

- Sind wir bereit, ausreichend
  in eigene Verteidigungs-
  fähigkeiten zu investieren,
  um Russland in einer
  konfrontativen
  europäischen Ordnung
  ausbalancieren zu können?

- Sind wir bereit, sicherheitspolitisch Verantwortung
  auch außerhalb Europas zu
  übernehmen?

- Und sind wir bereit, allen Versuchungen zu widerstehen, uns wirtschaftlich von China vereinnahmen zu lassen – vor allem durch einen Binnenmarkt Asien-Europa, der im Wettbewerb zu den USA stünde?

Eine solche Bereitschaft würde den Amerikanern viel Last von den Schultern nehmen. Im Ergebnis würden die USA neue Kräfte für den pazifischen Raum bekommen. Damit könnte Europa Bündnistreue zeigen und sich ein Bekenntnis der USA zur erweiterten Abschreckung „erarbeiten".

Was also sollte Europa tun? Nun, es sollte

- unerschütterlich am transatlantischen Bündnis festhalten
- und im Rahmen dieses Bündnisses mehr eigene Stärke entwickeln.

Mehr europäische Beiträge für das Verteidigungsbündnis und mehr Eigenverantwortung in der europäischen Sicherheitspolitik: Das ist der Königsweg für Europa!

Bislang sind allerdings nur allgemeine Konturen einer neuen europäischen Sicherheitsstrategie erkennbar.

Dabei haben Experten seit Langem Wegweiser aufgestellt. Erst jetzt aber, nach dem Überfall Russlands auf die Ukraine, sehen wir genauer hin.

So schreiben Michaela Wiegel und Konrad Schuller in FAZ.NET vom 19. 3. 2022:

„Fachleute wie der deutsche Drei-Sterne-General a. D. Heinrich Brauß haben dieses Szenario des konventionell-nuklearen russischen Angriffs schon vor Jahren durchgedacht, vor allem in Bezug auf die Ukraine und die baltischen Staaten.

Bei der Ukraine verlief der russische Überfall dann auch tatsächlich nach dem vorhergesehenen Schema von Panzerkeil und Atomdrohung ….

Aus westlicher Sicht kann Russland von solcher Erpressung nur abgeschreckt werden, wenn klar wird, dass die Nato auf Atomwaffen mit Atomwaffen antworten würde. Russlands Generäle müssen wissen, dass sie einen Gegenschlag riskieren.

Dafür hat man in der Nato schon im Kalten Krieg eine Strategie entwickelt:

Die Vereinigten Staaten
stationieren so viele Soldaten
´vorne` in den bedrohten
Frontgebieten, dass jeder
Angreifer versteht: Washington
wird nicht zulassen, dass diese
Frauen und Männer überrannt
werden. Es wird sie notfalls
dadurch schützen, dass es einem
Angreifer begrenzte Atomschläge
androht. So hat Amerika im 20.
Jahrhundert Deutschland
verteidigt.

Der Schutz wird bis heute dadurch
verstärkt, dass Washington
Deutschland und anderen
Alliierten ´nukleare Teilhabe`
bietet: amerikanische
Atombomben, welche die

Verbündeten dann nach Freigabe
durch den Präsidenten der USA
mit ihren eigenen Flugzeugen von
ihrem eigenen Territorium aus ins
Ziel tragen können. Im deutschen
Fall muss der Präsident den
Bundeskanzler vor einem Einsatz
informieren, der Kanzler ordnet
dann den Start der Flugzeuge an.
Tut er es nicht, kann dieser Einsatz
nicht stattfinden. Fachleute sagen,
das komme für diese Waffen
einem Vetorecht gleich.

Amerika hat damit in Deutschland
und anderen Ländern
Nuklearwaffen, Soldaten und
Kommandozentralen
gewissermaßen als Pfand seines
Schutzversprechens hinterlegt.

Das Signal heißt: Unser Einsatz für
die Alliierten ist so groß, dass wir
sie aus eigenem Interesse auch
nuklear verteidigen werden.

Das hat in der Nato lange
funktioniert, und es funktioniert
bis heute.

Allerdings heute weniger gut als
früher. Der Grund heißt Donald
Trump. Der hat als Präsident
Zweifel daran gesät, ob Amerika
seine Verbündeten wirklich
schützen würde. Sein Nachfolger
Joe Biden ist hier viel verlässlicher,
aber Trump bleibt in Amerika
stark. In Europas Stäben wird
deshalb über die Frage diskutiert:
Was, wenn Amerika ausfällt?"

Das ist die Gretchenfrage. Und deshalb muss eine europäische Sicherheitsstrategie auch den Weg für eine „Atommacht Europa" aufzeigen. Für eine Atommacht Europa, die nicht als Ersatz, sondern als Ergänzung zum nuklearen Schutz durch Amerika dient.

Ziel einer solchen europäischen Strategie sollte ein Zusammenspiel von robusten konventionellen Kräften und nuklearer Abschreckung sein, um uns gegen eine nukleare Erpressung durch Russland zu schützen - notfalls durch die Androhung begrenzter Atomschläge.

Es sollte für Russland klar sein, dass Europa bereit ist, einen russischen Überfall auch durch einen Ersteinsatz nuklearer Gefechtsfeldwaffen zu stoppen.

Bis zu einer solchen europäischen Sicherheitsstrategie ist der Weg allerdings noch weit, auch wenn es zuletzt unter dem Eindruck der russischen Aggression enorme Fortschritte gegeben hat. Die Erkenntnis hat einen enormen Schub bekommen: Europa braucht eine gemeinsame Sicherheits- und Verteidigungspolitik und eine „echte" „europäische Armee" bzw. „Armee der Europäer".

So fordert „Chefökonom" Bert
Rürup (29. 4. 2022): „Europäische
Armee: Wann, wenn nicht jetzt?"

„Hätte man eine europäische
Armee anstelle von nahezu zwei
Dutzend nationalen Streitkräften
mit ihren zahlreichen, oft nicht
kompatiblen Waffensystemen,
eröffneten sich mittelfristig
enorme Wirtschaftlichkeits-
potenziale bei Beschaffung und
Wartung von militärischem Gerät.
Denn während die USA, die
stärkste Militärmacht der Welt,
mit 30 Waffensystemen
auskommen, werden in den 23
nationalen Armeen in der EU etwa
160 (!) verschiedene Systeme
eingesetzt. ...

Zudem könnten die USA finanziell entlastet werden, selbst wenn die EU-Staaten wie in den vergangenen Dekaden meist weniger als zwei Prozent ihrer Wirtschaftskraft in Rüstung investierten. Dass eine solche Armee, deren Soldatinnen und Soldaten nicht nur Berufssoldaten, sondern auch Freiwillige wären, den Zusammenhalt der EU-Staaten stärken würde, liegt auf der Hand.

Selbst wenn die Kommission das oberste Exekutivorgan der EU ist, sollte die Befehlsgewalt über diese europäischen Truppen beim Europäischen Sicherheitsrat liegen.“

Ähnlich ist die Position von
Rüdiger Lüdeking:
„Deutschland sollte gemeinsam
mit Frankreich auf … die Schaffung
integrierter Streitkräfte wenn
nicht der EU, dann zumindest im
Rahmen einer ´Koalition der
Willigen` hinwirken" (Cicero-
Online vom 23. 2. 2022).

Es gehe um eine Harmonisierung
und Stärkung der militärischen
Fähigkeiten, „damit sie letztlich
den schon jetzt gegebenen
finanziellen Gesamt-
aufwendungen, die um ein
Mehrfaches über denen Russlands
liegen, entsprechen.

Zum einen wäre dies eine Stärkung des europäischen Pfeilers der Nato; es wäre andererseits aber auch eine Rückversicherung gegen einen unter einer neuen Regierung in Washington nicht auszuschließenden Politikwechsel und eine Abwendung von Europa" (Cicero-Online vom 25. 2. 2022).

Diese „Rückversicherung" ist ein zentraler Punkt. Europa befindet sich in einem Dilemma. Es braucht die USA, kann sich ihrer aber langfristig nicht sicher sein.

Deshalb gilt es jetzt, die Anstrengungen zu erhöhen, mehr in die Verteidigung zu investieren

und die Effizienz des
Mitteleinsatzes zu erhöhen.

Das steigert einerseits die
Attraktivität Europas für Amerika.
Und es hilft andererseits auch, den
Katzenjammer zu begrenzen,
sollten die Vereinigten Staaten uns
eines Tages tatsächlich den
Rücken kehren.

Umso irritierter war ich, als ich die
Antwort der Bundesverteidigungs-
ministerin Christine Lambrecht auf
die Frage nach einer europäischen
Armee gelesen habe: „Die Frage
ist, was man unter einer
europäischen Armee versteht. Mit
der EU-Eingreiftruppe können wir
schnell und kraftvoll reagieren.

Darauf kommt es an." (Augsburger Allgemeine vom 9. 4. 2022).

Das klingt nicht wirklich nach einem europäischen Aufbruch! Aber genau den brauchen wir, um uns in der Welt von morgen behaupten zu können.

Zu einem Aufbruch gehört aber auch, dass die EU Zukunfts-initiativen entwickelt und diese mit den USA abstimmt. Der Abstimmungsbedarf umfasst dabei weitaus mehr als „nur" den Bau eines tragfähigen europäischen Pfeilers der Nato:

die künftige Ausrichtung des Bündnisses, die atomare

Abschreckung, neue
Bedrohungslagen, neue Waffen
und Technologien, neue Formen
von Sicherheitsproblemen.

Die Nato wird sich verstärkt auf
neue „hybride Konflikte"
einstellen müssen. Und Europa
wird dafür entsprechende
Beiträge leisten müssen.

Machen wir uns nichts vor: Der
Weg zu einer militärisch starken
EU wird nicht einfach werden,
ganz im Gegenteil. Aber was
würde denn passieren, wenn
nichts oder zu wenig passiert?
Dann blieben wir
sicherheitspolitisch nur Zuschauer.

Wir würden erpressbar bleiben
und kein Akteur der Weltpolitik
werden, den man ausreichend
ernst nimmt. Und wir würden
weitere Schritte auf dem Weg in
die Bedeutungslosigkeit, in die
Unterordnung gehen.

So wichtig nachhaltige
sicherheitspolitische Bündnisse
und militärische Potenz auch sind:
Sie allein werden nicht über
unsere Zukunft in einer sich rasch
verändernden Welt entscheiden.

Hinzu kommen müssen eine
innovative Wirtschaft und ein
ökonomisch kluger Staat.

Deren intelligentes
Zusammenspiel macht
Technologieführerschaft erst
möglich.

**Und damit komme ich
zur sechsten These:
Europa muss wirtschaftlich
resilienter, souveräner und
innovativer werden**

Vier Schlüsselbereiche vor allem
sind es, die über Europas
wirtschaftliche Zukunft
entscheiden werden:

- Standortattraktivität für
  eine innovative digitale
  Hightech-Industrie,

- fairer Wettbewerb, auch
  beim Klimaschutz,

- Integration in normsetzende Wirtschaftsräume und globale Infrastruktur-partnerschaften,

- widerstandsfähige Schlüsselindustrien.

Um mit letzterem zu beginnen: Ukraine-Krieg und Corona-Krise haben den „naiven" Globalisierungsglauben endgültig „entzaubert".
Nach Einschätzung von Larry Fink, dem Chef von BlackRock, hat die russische Invasion in die Ukraine „der Globalisierung, wie wir sie aus den vergangenen drei Jahrzehnten kennen, ein Ende gesetzt."

Das bedeutet freilich nicht das Ende der Globalisierung schlechthin. Diese wird es auch künftig geben, allerdings „more sophisticated" und mit einer „geringeren Drehzahl".

Die Kosteneffizienz internationaler Arbeitsteilung kann nicht mehr der alleinige Maßstab für Investitionsentscheidungen sein. Oder mit den Worten von Eric Gujer (NZZ, 5. 5. 2022): „In der Globalisierung wird es künftig weniger um Effizienz und mehr um Resilienz gehen."

Für Europa und ganz besonders für Deutschland bedeutet das:

- einerseits ein Stück weit Desintegration der Weltwirtschaft und Regionalisierung der Produktion (etwa im Bereich medizinischer Artikel oder von Halbleitern),

- andererseits eine verstärkte Diversifizierung des Bezuges besonders von Rohstoffen und Vorprodukten

- und neue Energie- und Rohstoff-Partnerschaften mit Ländern vor allem in Nordafrika und Südamerika,

- eine verstärkte Integration der „Wirtschaftsblöcke" mit dem Ziel einer Art „Welthandelsorganisation für die freie Welt" und Freihandelsabkommen der EU mit den USA und Kanada als Schritte auf dem Weg dorthin,

- eine mehr oder weniger starke Abschottung von Autokratien, also eine partielle „Entflechtung" von Russland und vor allem von China!

Wie sonst könnten wir im Übrigen Sanktionen beschließen, die uns selbst nicht in einem unvertretbaren Ausmaß schaden, wenn sich das Reich der Mitte etwa Taiwan einverleiben wollte?

Zu hoffen ist, dass am Ende eines solch konfrontativ-desintegrativen Prozesses die Erkenntnis wieder an Bedeutung gewinnen wird: Globale Probleme können nur durch globale Standards etwa im Bereich des Klimaschutzes gelöst werden.

Kooperation zwischen dem liberalen Westen und den Autokratien ist für das Überleben der Menschheit unverzichtbar. Aber wird es dazu kommen können?

Ich befürchte: jedenfalls nicht schnell genug und nicht im erforderlichen Umfang!

An dieser Stelle möchte ich den „Rückbau der Globalisierung" anhand eines Beispiels erläutern.

Die EU produziert heute etwa 10 Prozent aller Halbleiter weltweit, verbraucht aber rund 20 Prozent. Sollte ein Konflikt zwischen China und Taiwan ausbrechen und die Halbleiterversorgung abschneiden, würden „die europäischen Fabriken innerhalb von nur drei bis vier Wochen ohne Chips dastehen", mahnt Binnenmarkt-Kommissar Thierry Breton.

Die Folgen für uns wären
katastrophal. „Chips sind zu
Schlüsselkomponenten für
praktisch alle Industrieprodukte
geworden. Sie stecken in Autos,
Spülmaschinen und Handys,
werden immer kleiner, effizienter
und schneller – aber sie kommen
überwiegend aus Übersee. Von
den technisch anspruchsvollsten
Chips mit Strukturgrößen von
weniger als zehn Nanometern
stammt die Hälfte aus Taiwan und
knapp ein Fünftel aus Südkorea“
(Handelsblatt vom 31. 1. 2022).

„Europa ist gut beraten, seine
Chipversorgung endlich stärker in
eigene Hände zu nehmen. ...

Die derzeitigen Lieferengpässe dürften geradezu lächerlich erscheinen, sollte es eines Tages tatsächlich in Taiwan krachen. Dafür vorzusorgen ist eine Aufgabe, die keinen Aufschub duldet", so Joachim Hofer (Handelsblatt Online vom 12. Oktober 2021).

Die EU-Kommission ist also grundsätzlich auf einem richtigen Weg, wenn sie mit ihrer Industriestrategie Abhängigkeiten von anderen Wirtschaftsräumen reduzieren und den Binnenmarkt in Krisensituationen schützen will.

Und die Bundesregierung unterstützt diesen Kurs zu Recht.

„Wir müssen gemeinsam daran arbeiten, unseren Bedarf an Mikroelektronik selbst zu decken und Produktionen wieder stärker nach Deutschland und Europa holen. Dafür werden wir Fördermittel in Milliardenhöhe in die Hand nehmen“, so Habeck gegenüber dem Handelsblatt am 20. 12. 2021.

Den Rahmen dafür steckt die EU ab – mit dem „European Chips Act“. Der markiert „einen Einschnitt in der europäischen Wirtschaftspolitik“ und „das Ende der Zurückhaltung bei Staatsbeihilfen“ (Handelsblatt am 31. 1. 2022).

Das ist eine Art Zeitenwende und der Versuch, eine „geostrategische Lücke" zu schließen. Mehr als 43 Milliarden Euro will die Kommission mobilisieren

Die EU startet mit diesem Projekt eine Aufholjagd, die keinen weiteren Aufschub duldet. „China läutete diese Entwicklung schon lange vor dem aktuellen Halbleitermangel ein. Die Volksrepublik stellt bis 2025 rund 160 Milliarden Dollar für die Industrie bereit. Die USA konterten unter Präsident Donald Trump. Dessen Nachfolger Joe Biden setzt den Kurs fort und will 52 Milliarden Dollar in die Branche pumpen.

Zuletzt folgten Japan und Südkorea. Sie alle wollen mit Subventionen ihre Chipindustrie stärken" (Handelsblatt, 20. 12. 2021).

Befürwortung für die europäische Chipoffensive kommt auch aus Teilen der Wirtschafts- wissenschaft, etwa vom Präsidenten des ifo-Instituts.

Clemens Fuest betont in einem Gespräch mit der Augsburger Allgemeinen: „Es gibt eine Reihe strategischer Güter, bei denen man schon darauf achten muss, dass man nicht erpressbar wird.

Insofern habe ich Verständnis dafür, dass die Politik bei einem so strategischen Produkt wie der Halbleiterproduktion vielleicht auch Geld in die Hand nimmt."

Chinesische Unternehmen in Schlüsselindustrien werden staatlich stark subventioniert. Und „wenn die EU das einfach so hinnimmt, dann hat sie langfristig das Nachsehen", mahnt auch Harald Fadinger.

Europa muss also im globalen Wettbewerb selbstbewusster auftreten und eigene Interessen besser schützen. Es gilt ein Stück weit, Peking mit den eigenen Waffen zu schlagen.

Aber man darf das Kind nicht mit dem Bade ausschütten.

Erfreulicherweise scheint die Kommission der Versuchung widerstanden zu haben, Europas Wirtschaft „flächendeckend" von internationalen Lieferketten abkoppeln zu wollen.

Das wäre mit gigantischen Wohlstandsverlusten verbunden, die auch völlig überflüssig wären. Denn in vielen Fällen ist Diversität der Königsweg, auf dem wir unsere Abhängigkeit verringern können, ohne unseren Wohlstand aufs Spiel zu setzen.

Ungeachtet aller notwendigen Anstrengungen zur Stärkung der Widerstandsfähigkeit unserer Wirtschaft: Wettbewerb bleibt die Grundmelodie des wirtschaftlichen Fortschritts – vorausgesetzt, er findet unter fairen Bedingungen statt. Wo nicht, ist europäische Politik gefordert.

Vor völlig neue Aufgaben wird der Klimaschutz die Wettbewerbspolitik stellen. Europa darf im Ergebnis eines ambitionierten Klimaschutzes keine Nachteile im globalen Wettbewerb und ganz besonders gegenüber dem Systemrivalen China erleiden!

Selbst der eher besonnene Wolfgang Reitzle spricht sich deutlich gegen einen europäischen Alleingang aus: "Das Klima retten wir entweder global oder gar nicht."

Klimaschutz und fairer Wettbewerb dürfen sich nicht ausschließen! Aber dazu müssten große Teile der Welt ihre Klimaziele deutlich anheben und ihren Beitrag zum Klimaschutz massiv erhöhen. Das gilt vor allem für das Reich der Mitte.

Am besten wäre die volle Beteiligung Chinas an einem Emissionshandel, an dem auch Europa und die USA teilnehmen.

So würde ein „Klima-Klub"
entstehen, dessen Mitglieder
einen CO2-Preis erheben, der
nicht unter ein bestimmtes Niveau
fallen darf und damit einen fairen
Wettbewerb ermöglicht.

Das wäre der Königsweg! Leider
ist eine solche Option derzeit nicht
in Sicht!

Zur Beschreibung der Wirklichkeit
heute gehört die Feststellung:

- Das Reich der Mitte hat
  seinen CO2-Ausstoß seit
  1990 verdreifacht und
  emittiert heute mehr
  Treibhausgase als die OECD
  zusammen.

- 2019 lag der CO2-Ausstoß Chinas mit 7,1 Tonnen pro Kopf (!) deutlich über dem entsprechenden Wert der EU-27 in Höhe von 6,6 Tonnen pro Kopf (Global Carbon Report).

Die ernüchternde Erfahrung mit Xi Jinping lässt befürchten, dass China klimapolitisch dauerhaft „hinterherhinken" und sich so weitere Vorteile im geoökonomischen und geopolitischen Wettbewerb „erarbeiten" wird.

Leider nimmt man so etwas bei uns kaum wahr.

Das gilt nicht für Wolfram Weimer, der in Focus Online vom 8. 11. 2021 klimapolitische „Verzögerungen" Chinas analysiert:

„Nicht die Sorge um die eigene Wirtschaft ist der Grund, sondern eiskaltes Wettbewerbskalkül. Europa soll mit teurer Energie vom Weltmarkt verdrängt werden."

Es führt kein Weg an der Erkenntnis vorbei:
China als Hauptemittent von Treibhausgasen räumt seiner militärischen Aufrüstung Vorrang vor konsequentem Klimaschutz ein.

Europäische Klimapolitik darf aber geostrategisch nicht blind sein. Europa kann das Weltklima ohne China nicht retten. Was wir aber schon können und auch mit aller Kraft tun sollten: uns anpassen an die Folgen der Erderwärmung und unsere Sicherheit durch Härte und militärische Modernisierung stärken. Wir dürfen nichts tun, was China auf dem Weg zu seiner Vorherrschaft in der Welt stärkt.

Bei der chinesischen Staatsführung ist ein wiederkehrendes Muster zu beobachten: Schöne Worte, weniger schöne Taten und viel zu häufig ein zum Teil erschreckend aggressives Verhalten.

Besonders sichtbar wird das auch und gerade beim Seidenstraßen-Projekt. Peking propagiert eine Win-win-Perspektive für alle Beteiligten. Tatsächlich aber geht es in erster Linie darum, fernöstlichen Konzernen strategisch wichtige Zugänge zu Anrainerstaaten zu sichern und den eigenen Einfluss weiter auszubauen.

Auf diese Strategie sollte Europa massiv reagieren. Umso mehr, als die Gelegenheit für Europa nicht ungünstig ist: Pekings rigorose Interessenpolitik verursacht zunehmend Enttäuschung und Misstrauen.

Viele Länder in Asien, aber auch in
Afrika und Lateinamerika,
wünschen sich eine Alternative
zum wachsenden chinesischen
Einfluss. Und sie blicken wegen
des Hegemonialkonfliktes
zwischen China und den USA
häufig vor allem auf Europa.

Die EU hat im Dezember 2021
deshalb eine richtige und wichtige
Initiative ergriffen: die „Global-
Gateway-Initiative", Europas
Antwort auf das chinesische
Projekt der Neuen Seidenstraße.
Im Rahmen dieser Initiative will
die Europäische Union bis 2027
insgesamt 300 Milliarden Euro
mobilisieren.

Und zwar für Infrastruktur-Investitionen in Schwellen- und Entwicklungsländern. Dabei geht es um moderne Zugstrecken und Straßen, Stromtrassen und Glasfaserkabel.

„Global Gateway hat das Potenzial, die EU zu einem wirkungsvollen geopolitischen Akteur zu machen", so der deutsche EU-Botschafter Michael Clauss (Moritz Koch in Handelsblatt-Online vom 29. 11. 2021).
Das Angebot werde „für viele Partnerländer eine attraktive Alternative zur chinesischen Seidenstraße sein."

Man muss es sich immer wieder
bewusst machen:
Die Staatengemeinschaft der EU
steht für etwa ein Sechstel der
Weltwirtschaft. Wenn sie ihr
gesamtes Gewicht in die
Waagschale wirft, kann sie auf
internationaler Bühne ein starker
Spieler sein.

Dieses Pfund sollte sie nutzen und
Handelsabkommen mit Ländern
aushandeln, die zu uns „passen".
Die USA sind dafür ein natürlicher
Partner und die erste Wahl.

Deshalb sollte die Europäische
Union jetzt bei TTIP einen neuen
Anlauf wagen.

Der Krieg in der Ukraine könnte
auch wirtschaftlich zu einem
Aufbruch in den transatlantischen
Beziehungen führen.

Aus europäischer Sicht ist es
darüber hinaus aber auch
strategisch dringend geboten,
einen handelspolitischen
Schwerpunkt auf Asien und den
asiatisch-pazifischen Raum zu
legen. Doch die Zeit drängt:
Europas Indo-Pazifik-Strategie
sollte bald stehen und eng mit den
USA abgestimmt sein.
Wir dürfen China nicht einfach das
Feld überlassen und dabei
zusehen, wie es normsetzende
Wirtschaftsräume gegen unsere
Interessen prägt!

Damit nicht genug. Wir müssen
alles daransetzen, um gegen die
Volksrepublik technologisch
bestehen zu können. Und um
Innovationsvorsprünge zu
erarbeiten.

Je besser uns das gelingt, desto
eher wird sich der liberale Westen
gegen den chinesischen
Staatskapitalismus behaupten
können.

Immerhin gibt die EU jetzt Vollgas:
Mit dem Aktionsplan „Digitale
Dekade" will sie bis 2030
technologisch zur Weltspitze
aufschließen.

20 Prozent des europäischen Wiederaufbaufonds, also rund 150 Milliarden Euro, sollen für Investitionen im Digitalbereich genutzt werden.

Wenn der Zug erst einmal Fahrt aufgenommen haben wird in Richtung Digitalisierung, Technologie und Innovation, dann wird mit Deutschland und Europa global zu rechnen sein. Dann hat der alte Kontinent die Chance für einen wirklichen Aufbruch – und dafür, auf Dauer gegen die Supermächte wirtschaftlich bestehen zu können. Da bin ich mir ganz sicher.

Siebte These: Europa muss sich seiner Identität versichern

Ein wirtschaftlich innovatives und militärisch starkes, politisch handlungsfähiges und fest im transatlantischen Bündnis verankertes Europa hat allen Grund, selbstbewusst nach vorne zu schauen:

Es gibt keine andere Region auf der Welt, in der

- man so sicher, so frei und so demokratisch leben kann,
- die Schwächeren so viel Unterstützung durch Staat und Gesellschaft erfahren und

- Kultur und Umweltschutz einen so hohen Stellenwert haben.

Zur Identität Europas, zum „European Way of Life" gehört aber auch das mutige Bekenntnis zu seinen Werten.

Das bedeutet, nach innen gerichtet: Die EU darf nicht tatenlos zuschauen, wenn eigene Mitglieder europäische Werte verletzen. Wer beispielsweise die Unabhängigkeit der Rechtsprechung oder die Presse- und Meinungsfreiheit infrage stellt, darf damit nicht durchkommen.

Nicht akzeptabel ist aber auch, wenn illegale „goldene Pässe", die Reisefreiheit in der gesamten EU gewähren, gegen hohe Beträge an Menschen aus Drittstaaten vergeben werden. Europas Werte dürfen nicht käuflich sein!

Je glaubwürdiger die europäische Rechts- und Wertegemeinschaft ist, desto überzeugender kann sich die EU auch nach außen zu ihren Werten bekennen.

Ein Wertebekenntnis allein definiert natürlich noch kein verantwortungsvolles politisches Handeln.

Hinzu kommen muss ein Pragmatismus, der die Wirklichkeit in ihren Auswirkungen auf den eigenen Gestaltungsspielraum berücksichtigt. Oder mit den Worten von Robert Habeck: Wir brauchen einen „Werte-geleiteten Realismus"!

Das sieht Friedbert Pflüger (Cicero-Online, 14. 12. 2021) ganz ähnlich: „Die Außenpolitik demokratischer Staaten soll auf Werten wie Demokratie und Menschenrechten beruhen. Doch das darf nicht dazu führen, Brücken einzureißen, legitime Interessen zu verleugnen oder die eigenen Möglichkeiten zu überschätzen.

Die historische Erfahrung zeigt: moralische Kreuzzüge führen am Ende immer in die Katastrophe."

Aber so oder so: Außenpolitik sollte europäische Werte nicht einfach auf dem Altar wirtschaftlicher Interessen opfern.

Es wäre völlig inakzeptabel, aus wirtschaftlichen Gründen alles zu unterlassen, was China verärgern könnte.

Der ehemalige amerikanische Verteidigungsminister Leon Panetta legt den Finger tief in die Wunde des Westens, wenn er feststellt:

„Es besteht kein Zweifel daran,
dass in China Verbrechen gegen
die Menschlichkeit begangen
werden. Die Frage ist nur, ob der
Rest der Welt China dafür zur
Rechenschaft zieht. Die
chinesische Regierung weiß genau,
was sie sich erlauben kann.
Aufgrund ihrer wirtschaftlichen
Macht wagt es der Rest der Welt
nicht, sich kritisch zur Verletzung
der Menschenrechte zu äußern.
Das ist den Chinesen bewusst. Ich
befürchte, dass wir unserer Pflicht,
diese Dinge anzuprangern, nicht
folgen werden. Wenn wir China
für dieses Verhalten nicht
verurteilen, wird es niemand tun.“

Damit kein Raum für Missverständnisse bleibt: Menschenrechte werden nicht nur in China mit Füßen getreten. Aber Verbrechen andernorts, auch im Krieg Russlands gegen die Ukraine, sind kein Grund, zu relativieren, was im Reich der Mitte passiert.

Können und dürfen wir hierzu schweigen? Gerade wir Deutsche wissen doch aus den dunkelsten Kapiteln unserer eigenen Geschichte, wie verhängnisvoll Beschwichtigung sein kann: Appeasement hat Adolf Hitler gewiss nicht entmutigt, auf seinem „Highway to Hell" noch weiter zu beschleunigen.

Und es hat Putin geradezu
ermuntert, in die Ukraine
einzumarschieren.

Wollen wir heute Xi Jinping
ermutigen, den Respekt vor der
Würde des Menschen immer noch
kräftiger mit Füßen zu treten?

War unser lautes Schweigen über
das unsägliche Leid der Uiguren in
der Vergangenheit der Preis für
einen Teil unseres Wohlstandes?
Und wäre unser gutes Leben ein
Stück weit in Gefahr, wenn wir
diesen Preis nicht länger zu zahlen
bereit wären?

Auf kurze Sicht: wahrscheinlich
schon!

Auf lange Sicht aber würden wir unsere Chancen auf ein freies und würdevolles Leben verbessern.

Der Westen sollte – in Anlehnung an Wladimir Iljitsch Lenin – jedenfalls nicht die Ambition haben, Xi Jinping auch noch den Strick zu verkaufen, mit dem der chinesische Diktator die freie Welt aufknüpft. Das wäre eine extreme Form der Unterwerfung!

Die EU muss: den Aufbruch wagen! Auch weil, so Margit Hufnagel, „Europas Ideen und seine Werte für Milliarden Menschen ein Versprechen auf eine bessere Zukunft sind".

Autor

Lothar Thürmer studierte Wirtschaftswissenschaften in Augsburg und Los Angeles.
Der berufliche Werdegang des Autors mit Stationen in mehreren Ministerien hat es mit sich gebracht, dass er im Umfeld prägender Persönlichkeiten und politischer Vordenker arbeiten und lernen durfte. Dazu gehörten Franz Josef Strauß und Professor Kurt Biedenkopf.
Heute befasst er sich mit drängenden Zukunftsfragen.

**Bisherige Veröffentlichungen bei
Books on Demand, Norderstedt**

Zur Zukunft des Klimas. Eine
ernüchternde Botschaft, 2020

Fünf Thesen zur Klimapolitik, 2020

Zur Zukunft Europas in der Welt
von morgen, 2021

Die Geburtstagsrede, 2021

Aufbruch. Europa muss sich
entscheiden, 2022